Photographies de Gilles Martin-Raget

D1717526

MARSEILLE
BIENVENUE, WELCOME, BENVENUTI, WILLKOMMEN, BIENVENIDO, BEM-VINDO...

PROVENCE

eanna ///
ÉDITIONS

CARPENTRAS

AVIGNON

SAINT-RÉMY-DE-PROVENCE

MANOSQUE

ARLES

SALON-DE-PROVENCE

AIX-EN-PROVENCE

ISTRES

MARTIGUES

MARIGNANE

MARSEILLE

CASSIS

LA CIOTAT

TOULON

RICHE

Paradoxal, vraiment! Il est paradoxal de parler de richesse à propos d'une ville et d'un territoire à l'économie aussi fragile. Nous connaissons tous les déséquilibres de Marseille, ses difficultés à rester le moteur d'une métropole complexe, ses contradictions de cité maritime arc-boutée contre la frontière calcaire d'une Provence longtemps ancrée sur sa ruralité. Et pourtant… « Riche » est le premier qualificatif qui vient à l'esprit lorsqu'on regarde les superbes images de ce livre. Et lorsque l'on se pose, lorsque l'on détaille les atouts de ce pays, cette réalité nous saute à la figure. Riche! Riche en caractères, riche de caractère aussi. La révolte est souvent là, comme le parler haut et les gesticulations théâtrales, comme les silences suspendus et les tensions assassines. Et les éclats de rire, et les larmes aussi. La Méditerranée nous a construits. Le silence et la fureur sont des composantes incontournables. Le monde latin nous nourrit de ses traditions, mais les courants d'influences sont bien plus larges.

Riche en personnalités. Combien de figures emblématiques sont originaires de ce terroir, combien d'artistes, de créatifs, de chercheurs ont forgé leur art et leurs vies sur les particularités locales, sur la violence méridionale, sur les contrastes forts de nos attitudes ancestrales. Des célébrités, bien sûr. Aucune liste ne saurait être exhaustive, pensons respectueusement à César, à Béjart, à Henri Delauze ou à Pierre Barbizet. Tous ces artisans géniaux gravés dans la mémoire collective. Et tous ces anonymes aussi, tous ceux qui ont évolué avec la force et la complexité de notre tempérament et qui enrichissent notre vie au quotidien.

Riche en découvertes. Ici, les surprises sont partout pour qui sait être curieux, pour qui a l'audace de fouiller plus loin que le folklore habituel, pour qui arrive à contourner les galéjades faciles.

RICH

Paradoxal, really! It looks paradoxal to talk about richness concerning a city and a territory with such a fragile economy.

We all know about the disparities of Marseilles, its difficulties to remain the leader of a complex metropolis, its contradictions of a maritime city abutting on the chalky frontier of a Provence anchored in its rural prit for a long time. And yet… "Rich" is the first epithet crossing your mind when you look at the marvellous pictures in this book. And then after relaxing a little, you focus on the different assets of this country, this reality forced itself upon us.

RICH! Rich in different characteristics but with a strong character too. Rebellion is never too far, escorted by loudly speaking and theatrical gesticulation, suspended silences and fatal tensions. And also bursts of laughter as well as bursts of tears. The Mediterranean has forged us. Silence and rage are inseparable components. The Latin world has handed on its traditions but different trends also influenced us.

Rich in personalities. How many emblematic figures are natives of this sort! How many artists, creative people, searchers have shaped their art and their lives on the local characteristics, on the southern violence, on the strong contrast of our ancestral attitudes! Celebrities of course. Although no list could be exhaustive, let us respectfully mention Cesar, Bejart, Henri Delauze and Pierre Barbizet. All these brilliant artists are engraved in our collective memory and all the anonymous people too, ail those who have evolved with the strength and the complexity of our temperament and who make our daily life richer.

RICH in discoveries. Here, you can find surprises everywhere if you know how to look, if you dare to explore beyond the usual folklore,

Elles prennent toutes les formes, concernent tous les milieux, se révèlent au moment le plus inattendu. Minérales, souvent. Des minuscules étoiles fossiles de la Bléone au Baou du Garlaban, des aplombs du Devenson aux champs de cailloux de la Crau. Les particularités se dévoilent dans des paysages d'une diversité inouïe. Grandioses, toujours. Un champ de coquelicots époustouflant au détour d'une route de Valensole, une cascade inattendue dans les vallons de l'Ubaye, un vert profond entre deux rochers nacrés d'une calanque discrète. Citadines, fréquemment. Nous côtoyons sans plus en faire cas les merveilles d'un patrimoine antique, les essais transformés d'architectures révolutionnaires, et tous les anachronismes urbains nés du bordel ambiant. Ces trouvailles sont jouissives, toujours.

Riche en saveurs. Le terroir est magnifique. Et prolifique. Ici, l'huile d'olive se déguste comme ailleurs les meilleurs crus de cépages célèbres. Riche en culture. Notre territoire foisonne d'influences, se nourrit de la diversité. Le brassage constant des peuples, les migrations perpétuelles sont un carburant inépuisable et vital.

Riche en lumières, riche en couleurs. Les aurores sur les monts Carpiagne se perdent en surenchères de nuances avec les couchants sur la plage d'Arles. Les soleils d'hiver joutent avec les soirs d'orage de septembre, les scintillements du Rhône rivalisent avec les reflets sur les embruns des tempêtes dans la Baie des Singes. Les peintres ne s'y sont pas trompés, les photographes en font aujourd'hui leur terrain de jeu.

Philippe Carrese,
cinéaste, réalisateur TV, écrivain, illustrateur, musicien.

if you manage to get round the easy tall stories. These surprises take different shapes, they concern all surroundings, and pop up at the most unexpected moments. Often mineral. From the tiny star-shaped fossile of Bléone to the Baou in the Garlaban hill, from the vertical lines of the Devenson creek to the rocky fields of the Crau. The characteristic features are revealed in landscapes of incredible variety. Spectacular surprises always. A breathtaking poppy-field at a bend in the road to Valensole, a startling waterfall in the Ubaye valley, a deep green water between two pearly rocks in a hidden creek (calanque). Urban surprises, often. We live among the wonders of an ancient patrimony without even noticing them anymore, the converted tries of revolutionary architectures and all the urban anachronism uprising from the surrounding chaos. These discoveries are always voluptuous.

RICH in flavors. The soit is magnificent and it's prolific. Here, olive oil is tasted as are tasted elsewhere the best veines of the most famous vineyards. RICH in culture. Our territory abounds with different influences, it thrives on diversity. The constant mixing of populations, the perpetual migrations supply it with inexhaustible and vital energy.

RICH in lights, rich in colors. The sunrise on the Carpiagne hills compete in shades of colors with the sunset on the beach of Arles. The winter suns joust with the stormy nights of September, the sparkling Rhône river rivals with the tempestuous sprays in the "Baie des Singes". Painters could not be mistaken and today it's the photographers.

Philippe Carrese
Film Director, TV Producer, Writer, Illustrator and Musician.

Marseille. D'une rive à l'autre, du Vieux-Port aux bassins de la Joliette. Face à face, passé et présent se confrontent, par tours interposées…

Marseilles, from one bank to the other, from the Vieux-Port to the Joliette Basin. Face to face the past and the present confronting each other...

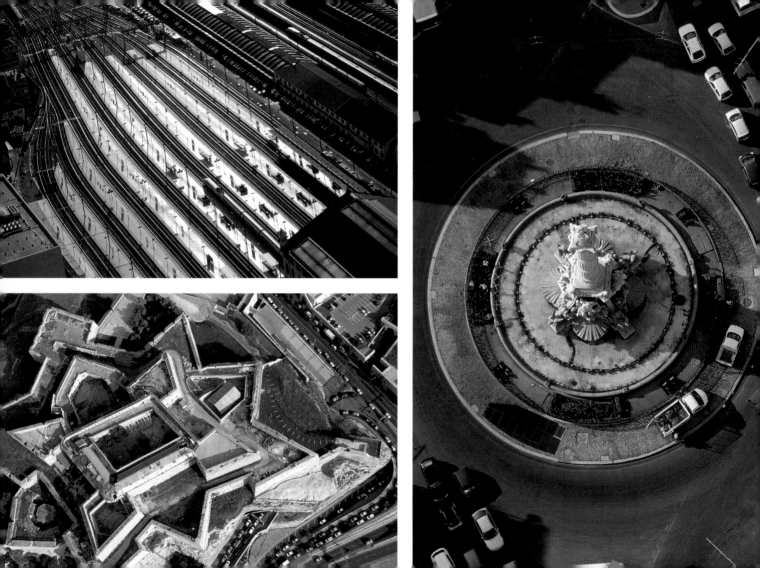

Des échangeurs de la gare Saint-Charles
aux angles vifs du fort Saint-Nicolas,
en passant par le cercle parfait
de la fontaine Cantini, place Castellane,
Marseille empile les strates architecturales.
Celle du XIXe siècle a vu naître
la cathédrale de la Major,
d'inspiration byzantine.

From the interchanges at the Saint-Charles
railway station to the sharp edges of
Saint-Nicolas Fort, past the perfect circle of
the Cantini fountain on Place Castellane,
Marseilles piles up different architectural
strata. The XIX century layer saw the
birth of the Major Cathedral of Byzantine
inspiration.

Le doux soleil
du mois de mai.
*The warm sun
of May.*

Un décor de rêve, empreint
d'histoire, pour les amateurs de
balades en bateau.
*A dream scenery, marked by History,
for the lovers of boat trips.*

L'azur est partout

Azure blue everywhere

Hangar portuaire transformé en lieu d'expositions temporaires, architecture audacieuse de l'Hôtel du département, due au britannique William Alsop, façade composite du FRAC (Fonds Régional d'Art Contemporain) par l'architecte Kengo Kuma, et l'étonnante (et renversante !) ombrière conçue par Norman Foster pour le Vieux-Port… Un mélange des styles bien marseillais !

A port shed changed into a center with temporary expositions, the audacious architecture of the Hotel du Department by Briton William Aslop, the composite front of the FRAC (Regional Contemporary Art Fund) by the architect Kengo Kuma and the amazing (and stunning) sun shelter designed by Norman Foster on the Vieux-Port A mixing of styles, a typical characteristic of Marseilles.

« Marseille bouge », « Marseille accélère », autant de formules utilisées par la Ville pour montrer ses ambitions. De nombreux exemples témoignent de sa transformation. Le Pavillon « M. », construction éphémère, tout près l'Hôtel de Ville, accueille tout au long de l'année 2013, les visiteurs de la Capitale européenne de la Culture. Dans le nouveau quartier des Docks, à la Joliette, un signe fort dans l'espace public : l'œuvre Seconde Nature a été conçue par l'artiste Miguel Chevalier et l'architecte designer Charles Bové.

Un vaste espace lumineux et ouvert sur la ville a transfiguré la gare Saint-Charles, dans un quartier en pleine mutation.

"Marseilles is on the move", "Marseilles is speeding up" such are some of the expressions used by the City of Marseilles to highlight its ambitions. A number of examples show the City has changed.

The "M" Pavilion, an ephemeral structure close to the City Hall, welcomes visitors to the European Capital of Culture throughout 2013 in the new district of the Docks, at the Joliette, a strong symbol in the public sphere, the work "Second Nature" was designed by the artist Miguel Chevalier and the architect-designer Charles Bové. A vast luminous space open to the City has transfigured the Saint-Charles railway station in a district undergoing profound change.

Promenade entre terre, ciel et mer, passe-relle entre deux mondes, ou l'expérience étonnante réservée par l'architecte d'origine marseillaise Rudy Ricciotti aux visiteurs du MuCEM, à l'entrée du Vieux-Port.

A walk between land, sky and sea, a footbridge between two worlds or the startling experience offered by the Marseilles architect, Rudy Ricciotti, to the MuCEM visitors, at the entrance to the Vieux-Port.

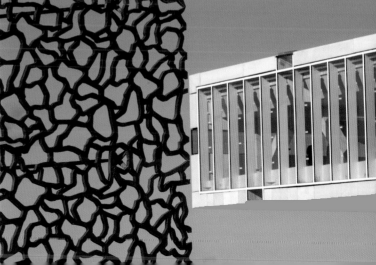

Porte-à-faux spectaculaire imaginé par l'italien Stefano Boeri pour la Villa Méditerranée et, dominant le Vieux-Port, l'ancien hôpital de l'Hôtel-Dieu transformé en hôtel de grand luxe, voilà le nouveau Marseille.

A spectacular cantilever created by the Italian Stefano Boeri for the villa Méditerranée and dominating the Vieux-Port, the former Hôtel-Dieu hospital, now a luxury hotel.
This is the new Marseilles.

Conçue par l'architecte
irako-britannique Zaha Hadid
pour le siège social du
3e groupe mondial de transport maritime par conte-
neurs, la tour a commencé
à modifier sensiblement la
silhouette de Marseille.

*Designed by the Iraki-British
architect Zaha Hadid for the
corporate headquarters of the
third largest container shipping
group in the world, the tower
has significantly modified the
outlines of Marseilles.*

Ambiance portuaire : l'architecte Corinne Vezzoni l'a voulue, avec le bâtiment des Archives départementales, ou encore cette ancienne station sanitaire désaffectée reconvertie en musée pour abriter la collection de la Fondation Regards de Provence.

This port atmosphere was deliberately created by the architect Corinne Vezzoni, with the Departmental Archives Building or even with this former unused health center converted into a museum to shelter the collection of the Regards de Provence Foundation.

Soir d'ouverture de Marseille-Provence Capitale européenne de la Culture 2013. Magique!

Opening night of 2013 Marseilles Provence European Capital of Culture. A pure delight.

Rendez-vous sur le « nouveau » Vieux-Port, lieu incontournable des festivités marseillaises.

A date on the "new" Vieux-Port, the must place for Marseilles celebrations.

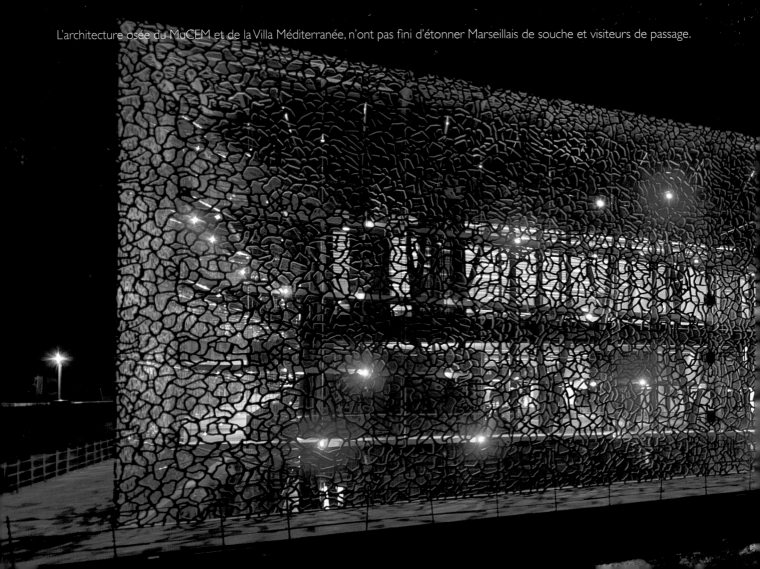

L'architecture osée du MuCEM et de la Villa Méditerranée, n'ont pas fini d'étonner Marseillais de souche et visiteurs de passage.

The daring architecture of both the MuCEM and the Villa Méditerranée keep stunning the inhabitants of Marseilles and the tourists.

Sens dessus desous, l'ombrière du Vieux-Port, imaginée par l'architecte Norman Foster.

Upside-down the sun shelter of the Vieux-Port, designed by the architect Norman Foster.

Au revoir la bouillonnante Marseille, bonjour les paysages escarpés de la chaîne de l'Estaque et les criques minuscules de la Côte Bleue. Ici, çà sent bon la pinède, on est à l'abri du mistral et les oursins se laissent docilement ramasser.

Goodbye impetuous Marseilles! Hello the rugged landscapes of the Estaque range and the tiny creeks of the"Côte Bleue". Here you can smell the pinewoods, sheltered from the Mistral and you can easily collect sea urchins.

Martigues est un peu la capitale de l'étang de Berre dont elle surveille l'accès via le canal de Caronte. Un petit bijou lacustre dans un océan d'industries.

À proximité immédiate, Istres, Fos, Saint-Mitre-les-Remparts et Saint-Chamas offrent des vies de villages bien portants, généreux envers les habitants du bassin industriel de Fos-Berre.

Martigues is in a way the Capital of the Etang de Berre, keeping a close watch on the boats arriving via the Caronte Canal . A small lacustrian jewel in an ocean of industries.

Quite near, Istres, Fos, Saint-Mitre-les-Remparts and Saint-Chamas where you can taste life in healthy villages, quite generous towards the inhabitants of the Fos-Berre industrial basin.

Ici on lève, pose, trie, stocke et distribue…

Here containers are lifted, moved, sorted, stored and shared out.

Les vastes espaces de la Crau et du golfe de Fos ont permis l'installation d'activités gourmandes en places de stockage et facilités de transport.

The wide open spaces in the Crau and in the gulf of Fos have made it possible to set up activities requiring considerable storage spaces and transport facilities.

Étang de Berre, Canal de Caronte, golfe de Fos, Martigues, Port-de-Bouc, Port Autonome : ici bat le cœur industriel de Marseille-Provence.

The Etang de Berre, the Caronte Canal, the gulf of Fos, Martigues and the Autonomous Port, here beats the industrial heart of Marseilles-Provence.

Ça pécore du côté des flamants roses ébouriffés par un petit mistral de printemps…
Couples of pretentious pink flamingos ruffled by a light spring Mistral.

Camargue, sauvage et secrète.

The Camargue, wild and secret.

Les Camarguais élèvent taureaux et chevaux de race Camargue,
avec une passion pour les bêtes, leur pays et ses traditions.
Un métier très prenant qui s'accompagne de nombreuses fêtes
à la belle saison.

In Camargue they breed Camargue bulls and horses with a passion for
their animals, for their land and its traditions. It's an absorbing job with
numerous celebrations in the warm season.

L'aspect des quais du Rhône n'a pas fondamentalement changé depuis le temps où Van Gogh les peignait, malgré une rénovation en profondeur. Le pays d'Arles offre une densité de trésors archéologiques inestimables, dont certains sont rassemblés au musée de l'Arles antique. Des arènes au théâtre romain... autant de vestiges exceptionnels qui marquent le paysage.

The banks of the Rhone river haven't really changed since the days when Van Gogh used to paint them, despite some deep renovation. The area around Arles offers many priceless archeological treasures, some of which are collected at the Museum of Antiques in Arles. From the Arena to the Roman Theatre, so many extraordinary vestiges marking the landscape.

Le peuple de Provence, en costume traditionnel, à l'occasion du 500e anniversaire de la Confrérie des Gardians.

The people of Provence wearing the traditional costume on the occasion of the 500ᵗʰ anniversary of the Guardian Brotherhood.

Les couleurs de Provence trouvent au pied des Alpilles les tonalités les plus vives, rehaussées par le bleu des collines environnantes. Retenir le mois de mai pour la saison des coquelicots, et début juillet pour celle des champs de tournesols, comme ici, devant la chapelle privée Notre-Dame-de-Romanin, à Saint-Rémy.

Down the Alpilles the colors of Provence are the brightest, enhanced by the blue of the surrounding hills . Save the month of May for the poppy season, and the beginning of July for the sunflowers, as pictured here, in front of the private chapel of Notre-Dame-de-Romanin, in Saint-Rémy.

Le château des Baux, avec sa cité fortifiée, était destiné à assoir de manière stratégique l'autorité des seigneurs des Baux. Luttes et conflits ont émaillé son histoire. Le rocher connut deux grandes périodes de prospérité, le Moyen Âge et la Renaissance, qui ont laissé leur empreinte dans la pierre.

The "Château des Baux" with its walled city was built in a strategic position to establish the authority of the Lords of the Baux. The history of the castle was speckled with battles and conflicts. The Rock had two periods of prosperity, the middle Ages and the Renaissance, which left their marks in the stones.

Avignon n'est pas à proprement parler dans le giron de Marseille-Provence, mais elle en marque la limite nord.

Avignon is not strictly speaking in Marseilles Provence, however it marks the northern boundary of the area.

L'Isle-sur-la-Sorgue bénéficie des résurgences d'eaux venues par on ne sait quel circuit sous-terrain depuis les Alpes. L'eau coule partout, envahit le village, tout comme les amateurs de brocante dont elle s'est fait une spécialité. Les abeilles ne s'en soucient guère et s'appliquent juste à fabriquer le meilleur des miels de Provence.

Isle-sur-la-Sorgues takes advantage of the resurgences of water flowing from the Alps trough so meny underground circuits. Water flows everywhere, invading the small town, just like the lovers of antiques, a specialized feature of Isle-sur-la-Sorgues. The bees do not seem to be bothered and they rather focus on making the best honey of Provence.

Un goût de paradis...

A taste of paradise...

Halte fraîcheur après un circuit à vélo sur une place ombragée de la Tour-d'Aigues.

Le village de Gordes figure régulièrement au palmarès des plus beaux villages de France, voire du monde. Ruelles à parcourir avec gourmandise, de préférence hors saison.

A refreshing stop on a shady square in Tour-d'Aigues following a cycling trip.

The village of Gordes is regularly mentioned as one of the most beautiful villages in France and even in the world. Tiny streets to wander along with delight, better in the off-peak season.

À la croisée des chemins

When two paths meet

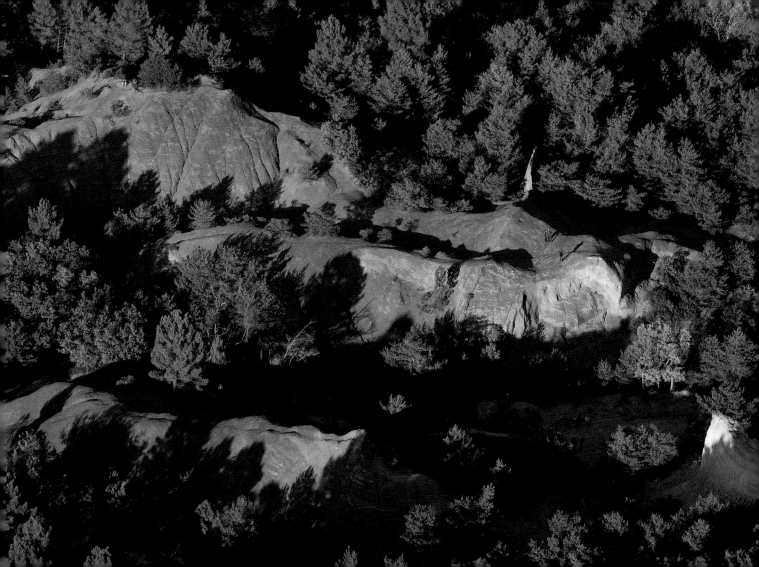

Incontournables, les anciennes carrières d'ocre de Rustrel, à quelques minutes d'Apt! Mieux vaut éviter d'habiller les enfants en blanc ce jour-là, car rouges d'ocre et de plaisir, de toute façon, ils finiront…

You should not miss the former ochre quarries in Rustrel, just a few minutes away from Apt. Maybe you'd better not dress the children in white the day you visit the quarry. Red with ochre and red with pleasure, they will finish anyway.

Couleurs et pigments

Colours and pigments

Valensole en son plateau. Face à Manosque, ces immenses étendues, doucement vallonnées, sont le théâtre annuel de la plus riche explosion de couleurs et de senteurs de la Provence : sa majesté la lavande.

The Valensole plateau. Facing the town of Manosque, these vast expanses, discretely hilly are the annual scenes for the richest explosion of Provence colors and fragrances with their majestic lavender flowers.

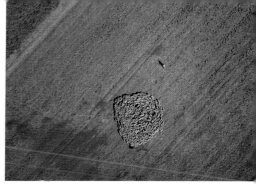

VULNERANT OMNES
ULTIMA NECAT.
18 11.

Des heures et des jours
Of times and days

Les cadrans solaires des Alpes du Sud
rythment avec douceur les délicieuses
journées. Du sommet de la montagne
de Lure, le vaste pays de Giono se
dévoile.

*The sundials of the southern Alps softly
set the tempo of each delightful day.
From the peak of the Lure Mountain,
the landscapes described by Giono are
unfolding under your eyes.*

Le vieil Aix, bâti de part et d'autre du cours Mirabeau, a su conserver une taille humaine, fondement de son succès d'aujourd'hui.

The historic district of Aix-en-Provence, built on either side of the Cours Mirabeau, has known how to keep a human scale, the secret of its success today.

PROVENCE

Places et ruelles animées, marchés quotidiens, commerces plutôt haut de gamme mais pas seulement, restaurants, terrasses de café…, le centre d'Aix est toujours très vivant, hiver comme été.

Lively squares and lively streets with daily open-air markets, and also top shops but not only, with restaurants and café terraces, the center of Aix is always bustling, both in winter and in summer.

Le pays d'Aix est charmant en toute saison. L'aqueduc de Roquefavour, qui enjambe la vallée de l'Arc à Ventabren, achemine l'eau de la Durance vers Marseille.
Au nord de la Sainte-Victoire, le château de Vauvenargues fut la propriété et le lieu de travail de Pablo Picasso de 1959 à 1962, avant qu'il ne décide de rejoindre Mougins, dans les environs de Cannes.

The Pays d'Aix area is full of charm in ail seasons. The Roquefavour aqueduct straddling the Arc valley in Ventabren, carrying water ail the way to Marseilles. In the north of the Sainte-Victoire, the castle of Vauvenargues was Pablo Picasso's property and workplace from 1959 to 1962, before he decided to move to Mougins, near Cannes.

Sanary-sur-Mer, royaume des barquettes, et Bandol, aux plages prometteuses, sont à moins d'une heure de route de Marseille ou d'Aix.

Sanary-sur-Mer, the kingdom of the small wooden fishing boats, and Bandol with its promising beaches are both at less than an hour's drive from Marseilles or Aix.

La rade de Toulon abrite le premier port militaire français de Méditerranée.

The roadstead of Toulon shelters the largest French military port of the Mediterranean.

Cassis vit d'ordinaire à un rythme paisible, accéléré le week-end par le débarquement de nombreux de visiteurs venus de toute la région, et parfois violemment chahuté par les coups de « labé », vent de sud-sud-ouest, qui se déchaîne à l'entrée du port.

Cassis usually lives at a peaceful pace, but speeds up at the weekends with the arrival of numerous visitors from all over the region, and sometimes harshly ragged by the "Labé wind", a south/south-west wind breaking out at the entrance to the port.

Ça grimpe très haut dans le ciel du côté du pic de l'Eissadon et des falaises du Devenson (ci-contre), au Crêt Saint-Michel (en haut) ou au sommet de Marseilleveyre (ci-dessus).

Some very high steep climbs such as the Eissadon peak and the Devenson cliffs (opposite), from the Crêt Saint-Michel (above) to the top of Marseilleveyre (below).

La calanque de Sugiton, ornée de son rocher central servant de tremplin aux amateurs de plongeon, est relativement accessible depuis le campus de Luminy, en dépit d'un fort dénivelé, ce qui n'est pas le cas de la calanque de l'Oule, uniquement joignable en (petit) bateau. La plage de Monasterio (à droite) est l'une des rares portions de l'île de Riou accessible au public plaisancier.

The Calanque of Sugiton, with its central boulder that serves as a diving board for daring divers, can be easily reached from the campus of Luminy, despite a considerable difference of altitude, unlike the Calanque of Oule which can only be reached by boat. The Monasterio beach (right) is one of the few parts of the Riou island accosted by visiting amateur yachtsmen only.

Piquer une tête dans l'eau fraîche de la spectaculaire calanque d'En-Vau, après quelques heures de marche à pied, un pur moment de bonheur !

Going for a dip in the refreshing water of the spectacular Calanque of En-Vau after a few hours' trekking is pure felicity.

Arrivée dans la rade sud de Marseille au petit matin. C'est l'heure où les ferries venus de Corse ralentissent pour prendre le pilote.

Arriving at the south Bay of Marseilles in the early hours of the morning. There the ferries from Corsica slow down to pick up the pilot.

Soir d'ouverture de Marseille-Provence 2013, Capitale européenne de la Culture. Un éclairage particulier sur un territoire bien ancré dans son passé, mais désormais propulsé vers un avenir rayonnant.

Opening night of 2013 Marseille-Provence European Capital of Culture. A special focus on a territory well anchored in its past but from now on propelled towards a radiant future.

ÉMOTIONS

Il y a des voyages qui laissent rêveurs, des parcours où les découvertes étonnantes enchaînent aux paysages époustouflants. Expériences enrichissantes, surprenantes. Ludiques, aussi. Les images qui ont défilé sous vos yeux le clament haut et fort, notre pays est riche. Riche en émotions, surtout. Refermez ce livre sur les sentiments qu'il a provoqués, et laissez-vous aller à vos ressentis. De la fierté? Sans doute, nous appartenons à un territoire unique, au potentiel démesuré. De l'enthousiasme? À coup sûr. Même si nous avons une tendance masochiste à l'oublier. Une telle collection d'images pousse à l'enthousiasme. De la joie, forcément, aussi. Parce que ces photos sont un hymne à l'exaltation. À quel point serions-nous insensibles si une forme de satisfaction ne nous envahissait pas lorsque nous réalisons à quel point notre espace de vie est exceptionnel.

Lequel d'entre nous ne s'est pas extasié devant un soleil rouge sanguine qui s'échappe derrière les îles du Frioul? Lequel d'entre nous ne s'est pas arrêté cinq secondes les yeux fermés pour jouir des rayons de janvier, à l'abri du mistral, adossé contre le mur d'un cabanon à Niolon? Lequel d'entre nous n'a jamais plongé dans les fragrances de lavande, ne s'est jamais laissé couler dans le frissonnement des pinèdes un jour de vent d'est, n'a jamais senti le besoin de lâcher prise dans les cloîtres inondés de chaleur de Silvacane ou du Thoronet? Lequel d'entre nous ne s'est jamais retrouvé happé par le regard d'un minot déluré, fasciné par la démarche élégante d'une inconnue aux origines lointaines, hypnotisé par la foule bigarrée?

Oui, notre territoire est riche. Son potentiel est énorme, nous n'en sommes pas toujours conscients, trop obnubilés par un quotidien usant, trop perturbés par les paranoïas ambiantes et les aberrations surréalistes du chaudron marseillais. Nous avons tendance à oublier les possibilités insensées qui s'offrent à nous. La profusion d'images somptueuses et surprenantes de ce livre est un bon catalyseur. Si j'osais cette comparaison digne d'une poésie maladroite pour cours élémentaire, Marseille est une perle et la Provence est son écrin. Bon, pas vraiment une perle d'élevage lissée et calibrée, plutôt une perle naturelle à la nacre irrégulière. Et son écrin n'est pas le plus confortable ni le plus sophistiqué, mais c'est l'un des plus flamboyants. Notre territoire est riche. Riche en couleurs, riche en humanité, riche en émotions. Surtout en émotions.

Philippe Carrese, février 2013

ÉMOTIONS

Some journeys leave you dreamy, all along routes where unexpected discoveries are succeeded by fabulous landscapes. Enriching and amazing experiences. Full of fun experiences too. The pictures unfolding before your eyes proclaim loudly our land is rich. Rich in emotions essentially.

Shut the book and let express your feelings and sensations. Pride? No doubt, we belong to a unique territory with an enormous potential. Enthusiasm? Certainly even when a masochist tendency induce us to forget it. Such a collection of pictures makes us feel enthusiastic. Joy too inevitably? Because these photographs celebrate a real hymn to exaltation. Indifferent we would be if we were not invaded sometimes by a sort of satisfaction when we realize how exceptional our environment is. Which one of us has never been enraptured by a blood red sunset, escaping behind the Frioul islands? Which one of us has never stopped for a moment, the eyes shut, to enjoy the January sunshine, sheltered from the Mistral, resting against a "cabanon" wall in Niolon creek? Which one of us has never dived into the lavender fragrances, never slipped in the shivering pinewoods on an easterly wind day, has never felt the need to relax in the heat flooded cloisters of Sylvacane or Thoronet Abbeys? Which one has never been seized by a brazen kid's eyes, fascinated by the elegant gait of a strange woman with remote origins, hypnotized by a multicolored crowd?

Yes indeed our land is rich, with an enormous potential, even if we are not always aware of it, may be because we are too much obsessed by a tiring everyday life, too much upset by the surrounding paranoia and the surrealist aberrations of Marseilles cauldron. We tend to forget the wild wide opportunities offered to us, the abundant and fabulous pictures in this book act like a good catalyst.

If I could dare it make a comparison worthy a clumsy poem for a primary school pupils, Marseilles is a pearl setting in Provence jewel case. Well! Not really a cultured pearl, smooth and calibrated, but a natural pearl with an irregular pearly coating and its setting is neither the most comfortable nor the most sophisticated, but it's the most flaming one.

Philippe Carrese, February 2013

Édition:

www.editions-eanna.com - Email: info@editions-eanna.com

Éditeur:
Marie Nivière

Réalisation artistique et graphique:
Frank Buschardt

Suivi éditorial:
Olivier Emran

Remerciements:
Pour leur participation: Philippe Carrese et Berthie Mirallès (traduction anglaise)
De Gilles Martin-Raget: Catherine, Marie-Antoinette, Joanna, Guilain. Jacques Ripert (Helitec), la famille Ameye.
Des éditions EANNA: Annick, Audrey, Béatrice, Saïda, Silvie, Jacques, Gérard et Marc.

Diffusion et distribution:

Entreprises:

Village d'Entreprises de Saint-Henri - Lot N° 310 - 13016 Marseille - Tél.: +33 (0) 4 91 46 00 56 - Fax: +33 (0) 4 91 46 13 41 - Email: info@livandi.com

Vente grand public:

Diffuseur:
CED-CEDIF Promodif Editions - Quai de Seine - Parc Mure - Ilot 4.11 - 128 bis avenue Jean Jaurès - 94200 Ivry-Sur-Seine - Tél.: 01 46 58 38 40 - Fax: 01 46 71 25 59 - Email: societe@ced-cedif.com

Distributeur:
DAUDIN - 1, rue Guyemer - CS 30504 - 78711 Magny-les-Hameaux Cedes - Tél.: 01 30 48 74 50 - Fax: 01 34 98 02 44 - Email: info@daudin.fr